Collection
souris
noire

L'auteur

Hubert Ben Kemoun vit à Nantes.
Il rédige depuis plusieurs années des histoires pour la radio, la télévision ou le théâtre.
Il fabrique aussi, pour les journaux, des grilles de jeux.
Enfin, il écrit des livres pour les enfants, les petits comme les plus grands.
Probablement parce qu'il connaît le bonheur d'avoir peur qui somnole en chaque lecteur, le noir (le roman policier) est un de ses domaines favoris.

Du même auteur

• *Le jour de tous les mensonges*
• *Le jour du meurtre*
• *Le dernier jour*
• *Un monstre dans la peau*
• *Le soir du grand match*
Nathan
• *Le coupable habite en face*
Casterman
• *L'heureux gagnant*
• *Prise d'otages à la Bastille*
Flammarion / Castor poche
• *Le président perd les pédales*
• *Un cadeau d'enfer*
Bayard

Hubert Ben Kemoun

Marathon sur l'estuaire

Illustration de couverture
Jacques Ferrandez

souris noire

SYROS
jeunesse

Aux « Muriel » qui nous font courir.

Catalogage Électre-Bibliographie
Ben Kemoun, Hubert
Marathon sur l'estuaire. – Nouv. éd. – Paris : Syros, 1998. –
(poche Souris noire ; 21)
ISBN 2-84146-542-X
Dewey : 811.5 : Albums et fiction. Romans. Aventures et voyages
Public concerné : Bons lecteurs (à partir de 13 ans)

1

Cela a commencé par une espèce de petit hasard de rien du tout. Ces genres de choses qui ne veulent rien dire et auxquelles on s'accroche, faute de mieux.

Si la prochaine voiture qui passe est rouge, je trouve du boulot dans la semaine ; si elle est bleue, dans le mois ; si elle est verte, je gagne au loto. Je suis toujours passé par toutes les couleurs de l'arc-en-ciel pour me fabriquer des espoirs incroyables. On se rassure comme on peut, quand on n'a plus grand-chose à attendre de la vie. Je sais que c'est idiot, mais j'ai toujours fait des vœux en scrutant le ciel. Si les panneaux d'affichage de l'ANPE savaient offrir et tenir des promesses plus crédibles, je suppose que je regarderais plus bas, et que je ne fonctionnerais probablement plus de la même façon. Je n'ose pas dire depuis combien de mois je cherchais du travail.

Je dis cela, mais ça ne m'empêche pas de décortiquer consciencieusement le journal, tous les jours. Il y en a d'autres, à partir d'un certain âge, qui commencent la lecture de leur quotidien d'abord par les avis d'obsèques, histoire de se rassurer en vérifiant qu'ils ne sont pas encore dedans. À bientôt trente ans, je n'ai pas encore cet état d'esprit mais, avant de raconter mon histoire, je tiens à préciser que, pour le travail aussi, je pensais avoir le droit.

Donc, ce mardi 12 février, sans conviction, j'avais descendu puis remonté au stylo bille les dix colonnes de petites annonces de mon quotidien. Moi non plus je n'étais pas dedans, je veux dire, pas dans les possibilités de travail. Qui dira un jour le désarroi du coureur de fond des offres d'emploi ? Du marathonien des entretiens de sélection ? Celui qui arbore pour dossard son *curriculum vitae.* Celui qui s'engage dans une course où l'on se bouscule sans le moindre ménagement. Celui qui désespère de monter un jour ne serait-ce que sur la plus petite marche du podium.

Depuis que « Le Souverain des mers » a quitté notre chantier naval, sous nos hourras, il y a un an, je n'ai jamais eu vraiment de boulot stable. La foule disait adieu au grand navire et moi à mon travail. Simplement, grâce à ma carrure d'athlète, j'ai pu décrocher des places épisodiques de vigile à l'entrée des meetings politiques ou de videur dans les boîtes de nuit du port. Quand on ne possède presque plus rien, on donne de tous les côtés, à la manière de ces voiliers qui tirent des bords pour sortir de l'estuaire contre le vent. Mais les élections et les meetings qui viennent avec, ce n'est pas du travail quotidien. On a beau être en démocratie, on ne peut pas demander aux gens de passer tous leurs dimanches aux urnes pour que je puisse manger et épouser Muriel.

Pour les boîtes de nuit aussi c'était fini. Le patron du « Blue Lagon », un gringalet qui répondait au pseudonyme de Claude David et insistait méchamment pour qu'on l'appelle « monsieur Claude », avait eu la bonne idée de mettre le feu à son établissement pour toucher la prime d'assurance. Un très bel incendie d'ailleurs. Il espérait, je suppose, refaire sa vie à se bronzer la calvitie sous les palmiers des îles Caraïbes, plutôt que sous notre bruine des bords de la Loire. Mais, pas très fin le « monsieur Claude », il avait bêtement déclenché son incendie au white spirit et en deux endroits opposés du « Blue Lagon ». Cet exploit lui avait valu une méchante brûlure sur la moitié du visage... entre autres. Je dis « entre autres » parce que, pendant que les chirurgiens de l'hôpital tentaient de lui redonner un aspect relativement humain, certaines langues ont murmuré qu'il n'y avait pas que son visage à avoir été grillé dans les flammes et que, dorénavant, on devrait l'appeler « madame Claude ». Quoi qu'il en soit j'avais perdu mon job, et le « David » on ne risquait plus de l'appeler de quelque manière que ce soit avant un bon moment. Il attendait plus ou moins tranquillement son procès, à l'ombre, dans une cellule de la prison de Nantes. Plutôt gênant pour le bronzage...

Ensuite on m'avait proposé de jouer les représentants de commerce, mais je n'ai jamais eu le baratin suffisant pour vendre des encyclopédies d'étage en étage. Pourtant j'avais essayé. En deux mois de porte-à-porte, je n'avais réussi qu'à fourguer une *Anthologie de la cuisine chinoise* en deux volumes à une vieille diabétique végétarienne... et encore, je sais que j'avais décroché la vente davantage par pitié que par intérêt gastronomique de la mémé. Je déteste la pitié, ce n'est pas que je manque de cœur, au contraire, mais je ne confonds pas la sympathie et la pitié. Je déteste la pitié depuis cette époque durant laquelle j'ai eu l'impression de me prostituer avec mon catalogue sous le bras. Ces moments étaient abominables, mon ventre se serrait lorsque les portes des appartements s'ouvraient, méfiantes, sur mon faux sourire de désespéré et mon vrai costume de pauvre.

« Saint-Nazaire, c'est d'enfer ! »
ironisaient les slogans de la mairie sur des

affiches de quatre mètres sur trois, placardées partout en ville. Ils ne croyaient pas si bien dire.

Voilà, c'était un mardi, très tôt, le jour faisait la grasse matinée comme c'est tout à fait son droit en février, je broyais du noir et c'est le jour où je suis devenu un assassin.

2

Mon pote Roger, le patron du « Bar des transatlantiques », un lourdaud grisonnant qui joue les muets et qui préserve sa clientèle en hochant la tête verticalement à tout bout de champ, a déposé, à côté de mon journal, le énième café de mon petit matin-chagrin. Après, il est parti, dodelinant, desservir la table de mon voisin.

Ce n'était pas un habitué, ce voisin-là. Je n'ai rien contre les nouveaux, mais je dis cela parce que c'est important pour la suite. Il ne portait pas le « bleu », plus ou moins de rigueur dans ce périmètre du chantier. Il ressemblait bien davantage à un touriste « très propre sur lui » qu'à quoi que ce soit d'autre. Seulement les touristes, à Saint-Nazaire, si on en voit, c'est qu'ils se sont perdus en allant vers La Baule et les plages de la presqu'île. En tout cas, les cars de bermudas-appareils photo ne viennent jamais très souvent aux portes des usines. On les voit uniquement quand la presse annonce le lancement d'un nouveau transatlantique de grand luxe, c'est-à-dire de moins en moins souvent.

Celui-ci portait un costume, un presque trop beau. Des costards comme le sien, les gars d'ici les mettent pour marier leurs filles ou enterrer leur mère, pas pour aller se rendre sourds, des nuits entières, dans les ateliers où les presses écrasent les tôles. Leur unique soleil, c'est l'éclat bleuté des soudures à l'arc. Ça fatigue la tête et les yeux. Ça épuise la vie. Non, mon voisin, s'il portait des lunettes de soleil, en plein mois de février, ce n'était sûrement pas pour reposer ses rétines. Il n'avait pas dû voir un fer à souder de toute sa vie, ou alors cela faisait un bon moment qu'il avait changé de vie.

J'ai lancé un œil interrogateur à Roger qui somnolait derrière son bar. D'un imperceptible hochement de tête, il m'a fait comprendre qu'il ne connaissait pas plus que moi le pingouin assis à ma droite et qui en était à son quatrième café. Il s'agitait sur sa chaise, l'étranger. Inquiet et nerveux, il visait d'un œil les docks à chaque passage d'une voiture et regardait sa montre, comme pour un rendez-vous drôlement important. Un rendez-vous vital. J'avais déjà vu des mecs énervés par le café, mais là c'était autre chose.

Le « Bar des transatlantiques » n'a pas vraiment l'allure d'un repaire pour rendez-vous d'amour, mais on ne sait jamais. Seulement, vu la mallette en cuir qu'il saisissait par la poignée toutes les deux minutes, ça devait plutôt ressembler à un quelconque rendez-vous d'affaires. Elle était en cuir sombre, de la taille d'une petite valise, du beau cuir et bien travaillé, protégé aux coins par des angles d'acier doré. Belle, mais pas de quoi en faire un fromage de cette valise. Pourtant le type posait sans cesse sa main dessus, comme pour vérifier qu'elle était toujours bien là, entre lui et moi. Un rendez-vous d'affaires ? Ici ? Les cadres des chantiers ne s'aventurent jamais dans les parages des tables en formica des cafés ouvriers. Ce type c'était comme un extraterrestre dans notre univers. Moins caricatural qu'un ET, mais drôlement moins sympathique.

Dans le bar, à part Roger et moi, il n'y avait personne d'autre que le « martien », enfin si je fais abstraction de Groucho, le matou obèse de Roger, qui, de temps en temps, se rappelle à notre souvenir en miaulant devant la porte pour sortir faire un tour. Le type m'intriguait et, au fur et à mesure que le temps passait, cela allait en s'accroissant. Surtout quand, pour aller pisser dans les toilettes de l'arrière-cour, il a emmené avec lui sa valise. Drôlement méfiant quand même... Pourtant, j'ai tenté de me dire que s'il avait peur des voleurs, c'était son problème, pas le mien. J'en avais assez comme ça. En revenant, avant de s'asseoir, il s'est arrêté au bar pour téléphoner. Il transpirait en attendant son correspondant. Personne n'a décroché à l'autre bout. En reprenant sa place, je l'ai entendu murmurer pour lui-même : *« Qu'est-ce qu'ils foutent, bon Dieu ! »* Il dégoulinait de sueur. J'ai replongé mon nez dans le journal.

Au bout de trois lectures de mes colonnes de petites annonces, je me sentais de plus en plus proche du tatouage indélébile « chômeur longue durée » sur mon front. Ce n'était pas encore aujourd'hui que j'allais décrocher l'emploi de rêve qui me permettrait, un jour, d'offrir à Muriel autre chose que des promesses d'avenir. J'allais abandonner Roger à son futur torticolis, mon voisin à ses affaires importantes, les « transatlantiques » à leurs souvenirs de gloire, et m'en retourner dans ma petite chambre, broyer du noir jusqu'à l'heure de fermeture du salon de coiffure de Muriel. J'avais un blues à couper au couteau, et encore en s'y reprenant à plusieurs fois.

Je fouillais déjà mes poches pour puiser la monnaie pour mes deux cafés, quand le type à côté de moi m'a demandé du feu. Sa Dunhill allongée au filtre plaqué or, elle non plus ne ressemblait pas au petit tabac gris que roulent entre leurs doigts les vieux compagnons des chantiers navals. Mais je dis ça, il ne faut pas croire, les jeunes, les pas encore complètement sourds, on fume aussi de l'américain. On n'est pas des ploucs. Ou alors on ne fume pas. De toute façon, le cancer, je sais que la limaille d'acier qui vole dans les hangars nous le réserve encore plus sûrement que la nicotine.

Le gars s'est penché sur moi sans trop décoller son costume de velours impeccable de la banquette. Sa veste, en s'ouvrant dans le mouvement, a découvert – le temps de la flamme de mon Zippo[1] – la crosse d'un Smith et Wesson[2] n° 39 et calibre 9 enfourné entre sa chemise et sa ceinture. Ça aussi tranchait particulièrement dans le panorama habituel du café ! En soie et bien repassée la chemise, en crocodile la ceinture, et pas en plastique le calibre, un automatique, un rare.

---

1. Briquet en acier.
2. Marque de pistolets.

J'ai décidé de rester encore un peu. « Pour voir », comme au poker.

Grâce à mes figurations de vigile, j'en connais un bon rayon d'armurier sur ce genre de bijou-caillou-joujou. Non pas que l'on nous ait fourni des artilleries comme celle-ci, quand on nous payait pour faire la claque et le coup de poing à l'entrée des meetings des candidats aux élections, mais, dans ce genre de travail, on croise des types pas très clairs dans leur tête, et qui collectionnent de sacrées pétoires. Je suppose que ces énergumènes doivent ainsi se rassurer et se croire aussi importants que ceux qui les payent. Je déteste ce genre de personnages peut-être parce qu'un jour il y a de grandes chances que je me retrouve dans le camp opposé, quand ils sortiront leurs joujoux à feu. Des types qui récitent les anciens catalogues d'armes comme d'autres le monologue d'Harpagon dans *L'Avare* de Molière. Même si j'ai travaillé avec eux à protéger les futurs députés, on n'est pas du même bord. Je préfère le théâtre au cinéma des cow-boys de quartier. J'ai senti que son revolver, mon voisin, il n'avait pas vraiment envie de le montrer à tout le monde. La présence de cette arme le rendait encore plus particulièrement louche. Il faut me comprendre, on s'ennuie tant dans une vie au rabais de demandeur d'emploi que j'ai eu très envie d'en savoir plus long sur le propriétaire d'un aussi joli calibre. À part les licenciements et quelques grèves, il ne se passe pas grand-chose dans l'entourage des chantiers.

Ça me turlupinait de plus en plus. J'avoue que tout tournait un peu n'importe comment dans ma tête, à toute vitesse. La mallette, dans mon esprit, elle est devenue un trésor d'Ali Baba qui somnolait entre lui et moi. Comme ça, sans réfléchir. C'était une idée peut-être saugrenue, mais qui devenait de plus en plus tenace. « Une intuition », comme dit Muriel quand elle veut me donner un peu confiance. Elle me murmure dans l'oreille :

« Je sens que tu ne vas pas tarder à trouver un bon emploi ! J'en ai l'intuition ! Il n'y a que les femmes pour sentir aussi parfaitement ces choses-là ! »

Quand ma Muriel me dit ces choses, cela ne sert absolument à rien d'autre qu'à nous donner un peu plus d'espoir dans les moments de grande déprime. Elle fait briller ses yeux, elle se serre un peu plus fort contre moi, et je réussis à y croire à ses « intuitions », même si ça ne marche jamais. Deux fois par semaine, en cochant ses grilles de Loto, elle a l'« intuition » qu'elle va décrocher le jackpot et devenir milliardaire. Elle n'a jamais réussi à gagner autre chose que le remboursement du prix du ticket, et pourtant, elle s'accroche, elle y croit, elle continue, et moi j'ai de la tendresse pour cet incroyable espoir qui la mène de jour en jour. Quand on n'a rien, on prend de tous les côtés, je l'ai déjà dit. La fébrilité de cet homme, dans mon esprit, c'est devenu la crainte de la police ; et son attente, celle d'un complice ou quelque chose de la même race, avec lequel il avait rendez-vous.

Aujourd'hui encore, je ne sais toujours pas comment tout cela m'est venu. Je n'avais absolument aucune preuve, sinon qu'il est assez rare de voir les gens se promener avec des automatiques calibre 9 quand ils vont prendre leur petit noir, au bistrot, le matin. Je veux dire aussi que j'ai encore une fois replongé mon nez dans les colonnes grises de mon journal. Sous mes yeux défilaient des propositions de travail pour des représentants de commerce et des informaticiens, de temps en temps une infirmière côtoyait un ingénieur ou des dessinateurs industriels. Absolument rien pour moi. Il y avait aussi les offres pour des serveuses de bar, sans expérience mais généreuses du décolleté, pour les établissements un peu louches du quai de la Fosse à Nantes ou du quartier du Petit-Maroc, ici, à Saint-Nazaire. Les hôtels de la presqu'île recherchaient leurs femmes de chambre, les casinos leurs croupiers, les restaurants leurs serveurs qualifiés. Personne n'avait besoin de moi. Personne.

Les lignes se brouillaient sous la pointe de mon stylo. Je lisais mais je ne comprenais plus rien. Je ne pensais plus qu'à mon voisin et à sa mallette. Pourtant, si j'avais trouvé une annonce proposant « n'importe quoi à n'importe qui », j'aurais aussitôt sauté sur le téléphone de Roger et laissé le type en costume faire ses trafics avec qui il voulait. Je me serais occupé de ma vie plutôt que de la sienne. Mais rien n'a émergé des pages pour me tirer de ma crise économique mondiale et irrémédiable. Absolument rien.

Alors voilà, si ma vie a changé ce jour-là, ce n'est pas grâce au journal, c'est à cause de quelque chose d'autre qui tambourinait dans ma tête et que je ne sais plus comment expliquer. Quelque chose qui me murmurait, presque malgré moi : *« Ce type, à côté, il est pour toi ! C'est ta chance, ne la rate pas ! C'est ta seule chance avant longtemps ! »*

3

Le bar a commencé à se remplir. À chaque fois, mon voisin levait la tête, comme si le bon Dieu allait entrer commander un demi à Roger. Les ouvriers des équipes de nuit arrivaient petit à petit.

Ces gars-là, on les appelle « les yeux bouffis, les mains bout filtre ». Ils embauchent à vingt-trois heures et terminent à sept heures. Ils voient le jour se lever quand il est temps pour eux d'aller dormir. Moi aussi j'avais essayé de tenir ce rythme-là, je n'ai pas supporté plus d'une semaine ce décalage avec la vie des autres, la vie au grand jour.

Pour ceux qui vont aller bientôt dormir alors que le soleil pointe son premier rayon sur l'estuaire, le « Bar des transatlantiques », c'est une sorte d'antichambre de la « vraie » vie. Celle qui se passe en ville. Celle des magasins qui vont lever leurs rideaux. Celle des gens qui partent au travail à peine réveillés. Celle d'un roulement normal de l'existence. Le « Bar des transatlantiques », c'est une île coincée entre la nuit sans sommeil et le sommeil en plein jour.

En dix minutes, ça s'est bousculé autour des tables et du comptoir. Roger hochait la tête en vitesse de croisière. Il balançait des gifles à son percolateur tant qu'il pouvait. Groucho avait préféré se replier dans l'arrière-cour et je n'ai plus pensé qu'à cette mallette que l'étranger avait emmenée avec lui tout à l'heure pour aller pisser.

Beaucoup de monde à présent dans le bar. Mon voisin en costume s'est retrouvé enfermé derrière un mur de bleus de chauffe trinquant bruyamment leur muscadet en ballon. Je me suis levé discrètement, je lui ai tourné le dos pour faire semblant de payer mes cafés. Il n'était pas obligé de savoir que depuis trois mois Roger me fait crédit quand je le lui demande.

Sa mallette était à un élan de ma main. Lui, il cherchait du regard, à travers les ouvriers debout, celui ou celle qu'il attendait et qui, probablement, était en retard. Il fallait faire vite... À un élan de ma main. Depuis une bande dessinée aux Nouvelles Galeries, je n'ai plus jamais rien volé dans un magasin, ni ailleurs, même pas une cigarette à un copain au lycée... À un élan de ma main. Quelle dérouillée j'avais prise quand le vigile m'avait coincé avec mon *Tintin – Les Bijoux de la Castafiore* – caché sous mon manteau, et avait demandé à mon père de venir me récupérer et payer le livre... À un élan de ma main. J'avais juré de ne plus jamais recommencer... *« Pauvres, mais honnêtes !!! »* Mon père hurlait dans la cuisine en réajustant le ceinturon qui lui avait servi de martinet. *« Pauvres, mais honnêtes !!! »*... À un élan de ma main. Plus jamais ! j'avais juré, agenouillé, en terminant de pleurer... À un élan de ma main. *« Pauvres, mais honnêtes !!! »* Il l'a répété jusque sur son lit de mort, cinq ans plus tard... À un élan de ma main. Ras le bol d'être pauvre ! J'ai lancé l'élan.

La valise était déjà mienne quand, dans la seconde suivante, un grand rouquin sans âge a poussé la porte d'entrée du bar. Mon type s'est levé brusquement, pour lui faire signe, comme libéré de voir enfin arriver son copain. Libéré aussi de sa valise, mais il ne s'en est pas rendu compte immédiatement. Cela m'a donné quelques précieuses secondes. En me glissant doucement vers l'arrière-cour, j'ai pensé : « Maintenant, ils sont deux ! » Alors, pour me donner la force et la certitude que ce que je venais de faire était irrémédiable, j'ai gueulé plus fort que toutes les voix des ouvriers attablés :

« Attention, la police ! »

Les gars se sont tous mis à rigoler dans le « bateau ». Ils prenaient probablement mon cri pour une plaisanterie d'ivrogne. En revanche, pour les deux étrangers cela ressemblait à « panique à bord du Titanic ». Le rouquin a fait immédiatement demi-tour. Le costume-cravate a tendu sa main dans le vide pour saisir machinalement une valise qui ne l'attendait plus sagement sur la banquette. Il a regardé autour de lui sans comprendre, sans me voir, l'air aussi méchant qu'idiot. Il n'avait plus le temps de chercher à se faire expliquer ce qui lui arrivait. Il a bousculé la table de quatre contremaîtres beloteurs et trois chaudronniers qualifiés qui occupaient, debout, le passage entre sa banquette et le bar. Son arme soudée au poing, il cherchait son bagage tout en gagnant la sortie. Je m'engouffrai à l'opposé vers la cour et les garages de Roger. J'ai sauté un muret sur lequel ronronnait Groucho en père peinard, traversé un petit terrain vague jonché d'ordures, ai déboulé en plein sur l'arrière-quai. Je croyais m'en être tiré comme un chef... et c'est là que j'ai vu le type en costume qui avait fait le tour du bâtiment et à présent me faisait face, à une cinquantaine de mètres. En costume... et en arme. Sa balle a fait sonner une gouttière sur le mur et dérangé Groucho dans sa sieste. Je détalai.

Mais, loin sur la gauche, le rouquin qui avait d'abord déguerpi venait de s'arrêter. Probablement étonné de ne pas apercevoir le moindre poulet dans les environs, il était revenu vers le bar. Pour lui résumer la situation, « costume-cravate » lui a hurlé en me désignant : « Chope-le ! Chope-le ! » mais il lui fallait traverser le boulevard pour me choper. J'ai à nouveau changé de direction.

Je fonçais vers les docks, je fonçais comme j'ai rarement couru dans ma vie. Vers les docks et leurs dédales qui me sont si familiers.

4

Derrière moi, le costume et son Smith et Wesson galopaient vite, bon sang. Deux enjambées pour trois des miennes. Comme si cela ne suffisait pas, le rouquin aussi a commencé son sprint derrière moi.

Je ne connais pas le calibre de ce qu'il a brandi dans sa main, et j'avoue que je n'avais pas plus que cela envie de goûter aux pruneaux qu'il pouvait propulser. Et s'il me tirait dans les pattes ? Je me voyais déjà perdu dans le pourcentage obligatoire des travailleurs handicapés des entreprises. *« À force de chercher une place, il en a trouvé une... dans un fauteuil roulant.* » Quelle bonne blague !

Bien sûr, j'aurais pu leur jeter la valise, en espérant mes deux poursuivants loyaux et beaux joueurs. J'aurais pu, un peu comme les gosses qui mettent les pouces pour stopper la partie, mais mon corps n'arrivait plus à s'arrêter. Cette mallette, à présent, elle me collait la main. J'avais la certitude d'avoir le sauvetage de toute mon existence serti dans la paume. À condition, bien entendu, que mon existence ne soit pas radicalement fauchée par une balle. La première de la série est allée se perdre dans un bassin de construction, la seconde sur la proue d'un chalutier.

J'accélérai en entendant siffler la troisième balle à un cheveu de ma tempe. Pas envie de savoir où atterrirait la suivante. Pas du tout envie de le savoir.

Devant moi, l'immense esplanade des quais, ceinturée par les bassins et les hangars de construction. J'étais un lapin au milieu d'une gigantesque clairière et la chasse était ouverte. J'ai continué à courir en zigzaguant. Au prix d'un effort incroyable, j'ai atteint l'entrepôt n° 3, celui des chariots élévateurs.

Je le connaissais bien, ce hangar. J'avais travaillé dedans l'année dernière. Je me suis retourné juste en pénétrant par la petite porte. Si j'étais médaille d'or pour l'instant, le rouquin serait couronné d'argent, il avait largement doublé son compagnon et atteindrait le hangar dans une centaine de mètres. La énième balle est venue se fourrer juste dans le chambranle d'acier de la porte alors que je la refermais derrière moi. À l'épreuve de tir individuel il avait toutes ses chances de podium, celui-là.

Passé cette petite porte en tôle ondulée, je suis entré dans le grand hangar. J'ai dérangé la sieste d'une bonne vingtaine de monstres jaunes aux roues gigantesques qui attendaient tranquillement les équipes de jour. Dans l'obscurité la plus totale, j'ai d'abord traversé la place en courant pour m'éloigner le plus possible de la porte d'entrée mais c'était inutile puisque, à part les engins garés en ligne, il n'y avait au fond du hangar aucune cachette pour moi. Le piège.

Mes deux sprinters, en pénétrant dans le hangar par la petite porte, ont tout de suite remarqué le grand portail métallique baissé. Ils ont dû se dire que cet entrepôt sombre et sonore allait facilement devenir mon tombeau. En reprenant son souffle, celui que je connaissais du « Bar des transatlantiques » a lancé au rouquin :

« On a assez perdu de temps comme ça ! Préviens Solem et les autres ! Il est peut-être armé, on va avoir besoin de leurs voitures pour filer ! Magne-toi, il y a une cabine téléphonique sur le parking dehors ! »

Sa phrase a résonné comme la sentence d'un dératiseur armé de ses recharges fumigènes et mettant le pied dans une cave. Le rat, c'était moi.

Rapide le rouquin. Drôlement efficace, même. Quand je pense qu'il y en a qui prétendent que le téléphone marche mal dans ce pays... il n'est pas resté deux minutes dehors. Dès qu'il est revenu, il a rassuré l'homme au costume : *« Ils arrivent immédiatement ! »*

J'ai rampé sous le ventre des monstres, contre les roues et au milieu des taches de graisse et de gas-oil. La valise me gênait dans ma progression mais je ne pouvais pas me résoudre à la laisser cachée où que ce soit. Je tentais de calmer mon souffle d'épuisé qui se mêlait à celui de mes poursuivants.

L'obscurité me servait et, le temps que le rouquin trouve le disjoncteur général du hangar, j'ai réussi à atteindre une meilleure cachette.

Les néons s'agitèrent au plafond sous les hautes poutrelles et dessinèrent les ombres des engins et de mes deux tueurs. Ils se firent un signe de tête et, leurs armes à la main, se séparèrent pour faire de moi un rat crevé. Mais il fallait encore me repérer pour me tuer et, si leurs inspections autour des camions étaient méticuleuses, d'où j'étais, j'évaluais assez bien où ils se trouvaient. Le rouquin jouait au gendarme de l'autre côté du hangar. Il venait de grimper dans la benne d'un semi-remorque débâché. En revanche, l'homme du bar s'approchait de ma cachette. Je me suis tassé sur mon siège de chauffeur d'engin. Il est passé à cinquante centimètres de la porte de la cabine. Il s'est arrêté. Trop aplati sur la banquette, il ne pouvait pas me voir, mais, tout à coup, j'ai senti ses doigts se fermer sur la poignée que je tenais dans ma main. Il a essayé de la faire pivoter, de toutes ses forces. De toutes les miennes je la bloquais pour qu'elle ne bouge pas d'un millimètre. Son pied était sur la plus haute marche mais son visage n'atteignait pas la vitre. Il lui fallait ouvrir cette porte pour me trouver. Il a insisté sur la poignée, ma main se déchirait sur l'acier de la porte. Il a lâché prise le premier, concluant sans doute que si la cabine était fermée à clef, je ne pouvais m'y cacher. Son pied a quitté la marche et je me suis un peu redressé pour respirer. Dans le rétroviseur, je distinguais son bras armé qui le précédait derrière la machine.

Il s'éloignait vers un couple de chariots garés non loin. Le rouquin venait de quitter son semi-remorque pour un mastodonte à plate-forme. Le temps me paraissait interminable, je sentais des fourmis monter de mon pied droit jusqu'à ma cuisse. Tout doucement j'ai détendu ma jambe devant moi, à quelques centimètres des pédales, mais, dans mon mouvement, mon genou a heurté le levier de manœuvre, ça a fait un tout petit bruit métallique. Un bruit de rien, un bruit imperceptible, mais un bruit que le type a parfaitement entendu. Dans le rétroviseur j'ai vu son ombre faire demi-tour et revenir vers ma pelleteuse. Il est sorti du champ, mais en me concentrant je le sentais avancer à pas de loup vers le devant de la machine.

Il devait me chercher derrière les roues ou entre les essieux. J'ai suspendu ma respiration. Son pas ne résonnait plus, il devait être arrêté juste devant le moteur. C'est à cet instant que j'ai su exactement ce qui allait se passer. Le rouquin fouillait l'autre extrémité du grand hangar, tant mieux pour lui et tant pis pour ceinture en croco, chacun son pile ou face. J'ai su cette chose avec précision, froidement. Sans plus aucune peur. Je me suis un peu levé sur mon siège, il était là, exactement à l'endroit où je l'imaginais. Je voyais son crâne, quelques centimètres sous la masse d'acier ventrue de la pelleteuse. J'ai attendu qu'il lève les yeux...

Je n'ai jamais tué personne, même pas un héron cendré au lance-pierres quand, gosses, on allait jouer dans les marais avec les copains. Jamais. Dans ma tête, durant ces quelques secondes, ça a commencé à prendre de la place. Il fallait que je tue quelqu'un pour me sauver. Un salaud peut-être, mais un homme quand même. De plus en plus de place dans ma tête. Pourtant je savais que trop réfléchir c'était freiner mon geste, m'empêcher de me défendre, probablement mourir. Malgré moi, ça martelait, au rythme de mon cœur emballé : *« Tu vas assassiner un homme !!! »* Aujourd'hui encore, quand j'y songe, je me dis que ce n'était que pour ma défense et que je n'ai provoqué qu'un accident, pas plus. Mais je n'aime pas resonger à cela. J'ai respiré un grand coup, je me suis dit à nouveau que ce qui arrivait était irrémédiable. La vérité c'est que je n'étais plus qu'une bête traquée, abominablement prête à s'en tirer. Il a dû m'entendre penser si fort, il a levé son regard sur la cabine. Quand il m'a distingué dans l'ombre, j'ai déverrouillé brusquement le frein hydraulique qui maintenait les bras de la pelle en l'air. Elle s'est fracassée comme une monstrueuse claque sur le béton du sol, sur le costume, la chemise de soie et tout le bonhomme qui était à l'intérieur. Tachée, mais jamais aussi bien repassée, sa chemise... Pour une fois, le gibier tue le chasseur. On a bien dû en voir des corridas où le taureau l'emporte sur le matador, des courses où le bourrin devance le pur-sang. Mais, voleur et assassin en moins d'une heure, ça faisait quand même beaucoup.

Je ne sais pas si le rouquin a sursauté dans le vacarme, je ne sais s'il a crié ou tiré sur moi, je ne sais rien du tout, j'étais une boule de feu en quittant la pelleteuse et en ouvrant la petite porte du hangar.

Olympique, mon saut ! Médaillable, ma course ! Le jour était sur le port et le rouquin dans mon dos. J'ai longé des bassins et escaladé des poutrelles, sauté des trous d'eau, slalomé entre des collines de plaques d'acier et des remparts de filins rouillés et enroulés les uns dans les autres. Décathlonesque, mon exploit ! Toutes les disciplines olympiques rassemblées en un seul bonhomme, en une seule épreuve ! La poignée de la mallette me brûlait la main. À présent on devrait m'amputer pour me la faire lâcher. À chaque pas, elle était encore plus à moi. De loin, je distinguais les grutiers arrêter leurs girafes jaunes pour assister, sans comprendre, à mon marathon. Les mouettes, en couinant au-dessus de ma tête, elles aussi, jouaient les spectatrices, mais avec beaucoup moins d'intérêt pour mon exploit. L'autre, derrière, économisait ses cartouches pour mieux dépenser son énergie à gagner du terrain sur moi. Je savais que je ne tiendrais plus très longtemps, lui aussi, j'imagine. Devant nous se profilaient les ruelles du quartier du Petit-Maroc. Les atteindre c'était gagner du temps. Pas davantage, mais au moins ça.

Je me suis caché derrière un tas de gravats, de ferraille rouillée. Je soufflais comme un bœuf. Le rouquin courait trop vite. Emporté par son élan, il m'a dépassé sans me voir. J'ai repris ma course dans l'autre sens, jusqu'à ce que deux grandes Buick noires viennent, au loin, me barrer la voie.

Les voitures, je suis plutôt amateur d'habitude. Mais, même devant ces deux bijoux-là, je ne me serais pas arrêté deux secondes pour admirer leurs bouchons de radiateur. Ces belles américaines n'étaient pas les véhicules habituels des gardiens du chantier. Si elles se promenaient ici, cela avait sans aucun doute un sérieux rapport avec le coup de fil du rouquin.

Là-bas, des six hommes qui bondirent hors des voitures, je ne sais pas lequel s'appelait Solem. Je n'ai pas vraiment eu le loisir de leur demander leurs papiers. Ils m'ont très vite repéré. Sur les gravats et les tôles abandonnées, les balles sonnaient comme sur les lames d'un vibraphone désaccordé. Mais à ce jeu-là, mon pote Pascal qui joue du jazz dans les caves de Nantes est autrement moins dangereux et drôlement plus agréable. J'allais me faire cueillir. Les balles, j'avais l'impression qu'elles éclataient dans ma tête.

Est-ce que dans l'arène, lorsque le taureau épuisé a gagné, on lui envoie tout de suite une autre mafia de toréadors ?

J'ai recommencé à courir dans le sens inverse, à travers le labyrinthe d'acier, au moins, là, les voitures ne pouvaient pas me poursuivre. Mais d'ici quelques enjambées j'allais rencontrer le rouquin qui n'aurait sans doute pas mis longtemps à rebrousser son chemin.

Bon Dieu, pour le rencontrer, je peux dire que je l'ai rencontré !

Comme dans un gag facile de mauvaise bande dessinée, au carrefour de deux allées métalliques. Je suis tombé sur lui et, dans le choc, il a lâché son arme. La surprise, la colère, l'envie de m'en sortir, le fauve que j'étais devenu ; je ne sais plus exactement ce qui m'a donné cette incroyable force. Mais jamais je n'ai tapé comme ça, sur rien au monde. Jamais ! Et encore moins avec une mallette en cuir aux coins renforcés d'acier. Ma force me sauvait, en même temps elle me terrorisait. L'autre gisait par terre. De sa tempe ouverte coulait un petit ruisseau de sang, jusqu'au lac de son œil. Dans ma panique, j'ai oublié de m'emparer du revolver qui avait volé dans une flaque. De toute façon, je n'ai pas douté une seconde que je venais de tuer le rouquin. Sinon, vu mon état de violence, je suppose que, sans hésiter, j'aurais dessiné avec son arme un vilain océan sur son ventre. Plus rien ne me faisait peur, sinon moi-même.

5

Le Petit-Maroc, c'est un quartier d'immeubles courts sur pattes et de maisons coquettes qui se laissent séparer des chantiers par un canal. Il fallait traverser deux voies ferrées et un petit pont suspendu pour aller se perdre dans ses ruelles.

Mais le pont était ouvert à mi-course, bloqué au-dessus des bassins d'accès à l'estuaire. Un peu moins de neuf mètres séparaient les deux mâchoires métalliques de la passerelle. Sauter, ce n'était plus un exploit, c'était un prodige.

J'ai pensé à Muriel. J'ai pensé à ses rêves de voyage en Amérique du Sud. Histoire de préparer le voyage, elle punaise des publicités pour le café moulu sur les murs de sa chambre, à l'autre bout de la ville, dans son HLM du quartier de La Soucoupe. Traverser... mais il n'y avait pas que le café à être moulu. Je n'en pouvais plus. Pourtant, traverser maintenant, sinon jamais. Traverser à découvert, avec les types des deux Buick qui s'approchaient probablement en contournant le kilomètre de containers alignés le long des voies. Sauter quatre rails. J'avais peur. Mes cafés remontaient le courant dans mon estomac. J'ai atterri au pied de la passerelle, un peu planqué, en contrebas du quai.

À présent il fallait franchir cette foutue passerelle. Jamais je n'y arriverai ! Sauter, malgré le vertige. Sauter dans une autre vie. Sauter pour sauver celle-ci... ou pour la perdre définitivement.

Au loin, les deux grosses voitures américaines fouillaient au pas le labyrinthe d'acier. Ce Solem devait salement m'en vouloir. Je songeais au corps disloqué dans le hangar, une vraie crêpe bretonne, au visage sanguinolent du rouquin, baignant dans son jus quelque part derrière moi. *« Arrête de penser, imbécile, saute ! »* Ma tête hurlait l'ordre mais mes jambes étaient en grève. Sauter ! Un nœud dans mon ventre, j'avais encore plus peur que devant les armes des loups de Solem. C'est là, tremblant de peur, que j'ai commencé à penser à autre chose, un truc abominable. Je ne sais pourquoi toutes ces choses-là viennent quand on a peur, mais c'est comme cela que c'est entré dans mon esprit. J'ai pensé que tout cela, toute cette course, ces risques, ces drames, ces morts, je l'avais fait pour de l'argent. Je tentais de faire basculer ma vie, à me décrocher les poumons et l'existence pour de l'argent, mais peut-être que je m'étais tout simplement trompé, que j'avais fait ça pour rien !

Peut-être que, dans cette foutue mallette, il n'y avait que des plans, peut-être que des dossiers très importants, secrets, mais qui ne me serviraient à rien. Je n'avais eu que le courage de courir ; j'avais eu celui de voler, de tuer ; je n'aurais jamais celui de me battre contre la mafia et son trafic. Bien sûr qu'elle avait de la valeur cette mallette, mais est-ce qu'elle donnait droit à deux allers simples pour ailleurs ? Pas sûr. Et si c'était de la drogue ? Qu'est-ce que j'en ferais de cette saloperie ? J'ai vu trop de mes anciens potes devenir l'ombre d'eux-mêmes dans ce paradis pour aller revendre ma cargaison de poison à n'importe quelle crapule. Des bijoux alors ? Peut-être que cette fois-ci je les avais réellement volés, « les bijoux de la Castafiore »... Mais en remuant le bagage on n'entendait rien cliqueter, et pour le remuer je l'avais sacrément remué depuis le début de ma course. Je ne savais plus quoi penser. C'était insupportable, une torture. Peut-être que je m'étais raconté une histoire depuis le début. Cette idée tambourinait dans ma tête, absolument abominable. Elle me coupait les jambes. *« Arrête de penser, espèce de couillon, saute !!! »* Je ne pouvais pas.

Parfois, surtout en fin d'après-midi, parce que je n'avais pas trouvé de boulot, parce que je n'avais plus une pièce pour m'offrir quoi que ce soit, parce que je me voyais un jour, comme ces pauvres bougres, devoir moi aussi plonger discrètement la main dans les poubelles... parfois, c'est vrai, j'ai songé au suicide, parce que je n'étais plus que la honte de ma propre vie ! Mais le suicide c'était pour avoir la certitude de conserver encore un tout petit peu de pouvoir sur mon existence. Au moins, si un jour je n'avais plus rien, même plus ma vieille moto que je ne me résous pas à vendre, au moins demeurerait cette valeur-là entre mes mains. Ce sont des choses qu'on se dit surtout parce qu'on l'aime, la vie. Alors ces types-là, ces types qui s'approchaient en courant maintenant, je ne leur donnais pas le droit de décider si je devais vivre ou m'arrêter. Pas à eux ! Pas à un mois de mes trente ans !

Je jure que je pensais à tout cela au bord du canal. Je perdais du temps, je sais, mais c'était comme ça... Qu'est-ce que j'en savais, moi, de ce Solem ? Et si c'était un philatéliste un peu accroché à sa collection de timbres ?... Et si, dans cette valise, il y avait ses premiers albums de jeunesse et qu'il y tenait comme à un tableau de maître...? Si, dans cette sacrée valise, il n'y avait qu'une immense fortune, mais seulement affective, pas une richesse négociable derrière l'hygiaphone du guichet d'une banque. Ou bien, je ne sais pas, moi, la collection de pin's de son môme, les manuscrits de ses derniers recueils de poèmes, les lettres de sa première chérie au collège. Un truc qu'on n'aime pas perdre. Un trésor dont on est seul à connaître la valeur, mais un trésor inutile pour moi. Ça m'a rongé les jambes, ça m'a grignoté la tête et j'ai encore perdu du temps à réfléchir en regardant trembler la mallette fermée à clef, au bout de ma paume.

La balle du rouquin est venue se fourrer dans le cuir de la mallette et m'a donné le signal immédiat de la traversée. Un automate qui s'élance et qui saute, sans plus se poser des milliards de questions. Ça ne m'a pas vraiment fait plaisir de savoir qu'il s'était rétabli, le rouquin. Non, même à la télé, on ne tue pas pour une collection de timbres ou de cartes postales. Quoique !

6

À vec un saut pareil, on entre au livre des records, ou alors c'est pas juste...

C'est fou la reprise qu'il peut y avoir sur les voitures américaines ! Le coup de feu du rouquin leur avait indiqué où se jouait la partie.

En deux secondes, elles stoppaient leurs cargaisons de gorilles armés contre la rampe de la passerelle. Deux costumes-cravates avaient pris le relais du rouquin derrière moi. Les autres, en voiture, contournèrent les grands bassins pour me prendre à revers, mais j'avais de la marge maintenant. Dans ma tête, ça gambergeait aussi vite que dans mes jambes. La mallette peut-être vide, mais peut-être pas. À mes trousses, une mafia de tueurs, et prête à tout, dans une ville trop petite pour se cacher longtemps. Muriel à prévenir pour partir au plus vite, vers la gare et son train, Nantes et son aéroport, Roissy et sa promesse de rêve lointain. Mais, avant tout, semer, semer à tout prix cette bande d'assassins organisés.

Bon Dieu, j'en voulais à la terre entière. J'essayais de penser à Muriel pour me rassurer, mais j'étais seul au monde à courir le long de l'estuaire. Muriel, si souvent j'ai cru te perdre lorsque je sombrais dans la mélancolie. Toi, à qui j'ai si souvent tenté de faire comprendre mon amour en te disant simplement « merci d'exister », Muriel, enfin je deviendrai ton prince charmant... si je m'en sors.

Je courais. Je courais sans plus sentir mes vieilles chaussures qui déchiraient mes pieds endoloris. Il n'y avait plus que le poids de la mallette qui comptait. Ce qu'elle contenait et dont je ne savais rien, je le méritais. Jamais je ne me suis autant donné de mal pour quelque chose, même pas en finale de la coupe de foot cadet quand on m'avait promu avant-centre après la blessure du titulaire.

À présent, cette mallette c'était mon dû, mon bien. Le poids du bagage, loin de me freiner dans ma course, me poussait plus rapide, plus efficace, pour prendre cette ruelle et pas cette autre, choisir de traverser ce terrain vague plutôt que de m'engager sur ce trottoir. Tourner, dribbler le quartier entier. Me perdre pour les perdre. Le plan de la ville défilait dans mon esprit. Non, j'étais devenu moi-même le plan de la ville, dopé comme un tricheur aux Jeux Olympiques, perdu, tout petit dans le port de Saint-Nazaire. Mais aux Jeux Olympiques, le starter tire en l'air, ça change énormément de choses. J'entendais leur course loin derrière moi. Ou alors je croyais l'entendre, mais je savais qu'il ne fallait surtout pas que je perde de temps à me retourner. Ces pas sonnaient comme la minuterie d'une bombe à retardement. Pour l'instant, ils ne pouvaient plus tirer, le quartier était trop résidentiel et la police avait dû investir les environs du chantier. Mais je savais qu'ils se réservaient pour plus tard.

Deux choix s'offraient à moi. À gauche le centre-ville et la possibilité de me perdre dans la foule, à droite la base sous-marine que je connaissais comme ma poche. Pile ou face ? J'ai filé à gauche quand, tout à coup, je me suis rendu compte que je fonçais tout simplement sur une des deux Buick, garée au carrefour, et qui m'interdisait l'accès au centre de la ville. J'ai immédiatement obliqué vers la droite, la voiture n'a pas bougé.

J'ai atteint la base sous-marine dans un dernier effort et m'y suis engouffré. Juste avant de disparaître dans cette grande masse de béton gris qui émerge du port, je me suis retourné enfin. Je voulais évaluer ce qui me restait à vivre, parce que je savais que je n'avais plus la moindre force pour continuer mon marathon. Personne derrière moi. Cela m'a inquiété autant que rassuré.

Je suis monté par un escalier étroit qui courait en colimaçon sur une centaine de marches, jusqu'au toit. La porte de la terrasse était fermée par une vieille chaîne, mais l'anneau dans le mur était tellement rouillé qu'en forçant un peu je n'ai pas eu trop de mal à le desceller. Sur la terrasse, la gifle du vent m'a fait un bien incroyable. Je m'enivrais des moindres rafales que l'Atlantique poussait sur Saint-Nazaire. Si le « Solem » avait investi dans un hélicoptère plutôt que dans des « Marianne » oblitérées, j'étais perdu. Mais rien de tel n'est venu survoler ma cachette. Le trafic du port, à cette heure-ci, se réduisait à quelques bateaux de pêche et à de rares camions. Une sirène de police, lointaine, chantait du côté des chantiers. J'ai respiré.

Allongé sur le béton moussu du toit, au bord du vide, j'ai scruté l'estuaire et les docks avant de repérer les deux Buick noires. Là-bas, elles tournaient un peu en rond. Je les sentais nerveuses. Assez loin. Elles se sont arrêtées de l'autre côté du pont levant. J'ai décidé que Solem c'était celui qui s'agitait le plus, sans arme, et qui donnait des ordres. Il a dispersé ses sbires dans toutes les directions. Lui est reparti, en voiture, avec deux de ses Quasimodo, vers la ville. Je crois avoir reconnu le rouquin, assis à côté du conducteur. Je cognerai plus fort la prochaine fois. Non ! Il n'y aurait plus jamais de prochaine fois. Longtemps j'ai regardé les quatre hommes s'éparpiller en étoile. Une inspection au peigne fin, mais pas assez fin pour trouver l'escalier intérieur qui mène du grand bassin pour les sous-marins au toit où je reprenais enfin mes esprits. Les gars, si vous aviez fait partie de nos bandes de mauvais garçons quand nous étions tous des héros, ce petit escalier vous le connaîtriez aussi bien que moi. Il n'y a pas à dire, nous n'étions pas dans la même équipe, vous et moi.

Je savourais ma victoire. J'étais tout simplement sauvé. J'allais tranquillement attendre la nuit pour descendre de mon perchoir et me couler jusqu'à la gare ou chez Muriel. Je lutterai contre la fatigue, le sommeil et la faim. Une journée folle pour une vie de rêve, ce n'était pas très cher payé. J'avais tué un gangster, j'en avais salement abîmé un autre, la police classerait cela comme un règlement de comptes entre deux bandes rivales. Ni

Roger ni Groucho ne parleraient de ma présence au « Bar des transatlantiques ».

Je savourais trop vite...

« Ne bouge pas d'un cheveu, bonhomme ! Ne bouge pas ou je te scalpe avec mon outil ! »

Je n'avais pas entendu ce type arriver, j'en aurais étouffé de rage. Il s'approchait de quelques pas. Je suppose que son arme était braquée sur moi. Je n'avais plus la force de tourner la tête, pas par peur, mais parce que je savais que la partie était terminée pour moi !

Est-ce qu'on souffre beaucoup quand la balle perfore l'abdomen, les poumons ou le cœur ? Est-ce qu'on meurt tout de suite ? Devant moi, le vide et une verticale de quatre étages surplombant les bassins. Deux chalutiers accostés juste en bas interdisaient toute tentative de plongeon.

Devant moi, mourir par suicide ; derrière, assassiné. Joli choix... Il n'y a qu'à la télé que les méchants perdent... ou alors, moi aussi je faisais partie des méchants.

J'allais abandonner ! « Vous êtes les plus forts », « Pauvres, mais honnêtes », « Plus jamais de prochaine fois »... tout se mélangeait dans mon esprit, peut-être que c'était mieux ainsi, j'avais rêvé. « Désolé, Muriel, j'ai fait tout ça aussi pour toi. Pour balayer la mélancolie de ceux qui ne réussissent plus à vivre complètement parce qu'il leur manque de quoi vivre, tout simplement. Désolé, Muriel, je suis un assassin mais j'ai tenté d'être digne ! Désolé, mon cœur ! »

« Maintenant tu t'éloignes gentiment de cette valise ! »

Il était juste derrière moi, beaucoup plus près que je ne l'avais cru. Pour la première fois, depuis que je l'avais volée, j'allais donc devoir lâcher cette poignée en cuir sombre. Je n'arrivais pas. De la superglu entre mes doigts et la mallette.

« T'as entendu ce que je t'ai dit ou je t'éclate la tête !!! Tu lâches et tu t'éloignes, je ne vais pas te le répéter une troisième... »

Il n'a pas pu finir sa phrase. La valise, il l'a mangée en pleine figure. Son coup de feu est bien parti dans ma direction, mais n'a fait de mal qu'à un morceau de béton, sur le rebord de la terrasse. J'ai plongé dans ses pieds et l'ai renversé en arrière. Il n'avait pas perdu son revolver. J'étais sur lui, prêt à l'étrangler de mes mains, lui crever les yeux. Un fauve blessé et qui n'a plus rien à perdre. Prêt à le bouffer tout cru... Je n'ai rien eu à faire de toutes ces horreurs. En tombant, son crâne a heurté le béton du sol. Cela a fait comme le bruit d'une noisette qu'on écrase du talon. Un bruit doux, agréable, un bruit définitif. Ses yeux grands ouverts fixaient le ciel. On aurait dit qu'il dormait en scrutant le vol des mouettes. Une sieste quoi, une sacrée longue sieste.

J'ai récupéré la valise par terre. Pas l'arme, je ne pouvais pas, elle me dégoûtait. En bas quelqu'un avait sans doute entendu le coup de feu, impossible pour moi de rester plus longtemps sur le toit.

J'ai dégringolé l'escalier à toute vitesse. Avant de m'engouffrer dans la première rue venue, j'ai vérifié que la voie était libre. Sur un mur de la base sous-marine, un plaisantin avait écrit à la peinture rouge :

Amis taggers,
pensez aux aveugles !...
Bombez en braille !

Je n'ai même pas souri. Il faut parfois traverser l'enfer pour atteindre les portes du paradis. Je sentais que le chemin était encore long.

J'ai recommencé à courir.

7

La pluie, chez nous, c'est une vicieuse. Elle se fait passer pour une petite bruine de rien du tout, rafraîchissante et indolore.

Elle s'installe, sournoise, en s'excusant, histoire de faire croire qu'elle ne veut pas trop déranger, qu'elle ne fait que passer, qu'elle s'en va tout de suite. Fine comme de la dentelle à napperons, tenace, elle reste là, parfois des jours et des nuits sans discontinuer, elle s'incruste. Elle se fait passer pour une invitée, elle devient la propriétaire, et lorsque, enfin, elle cède sa place à quelques rayons de soleil, on s'étonne presque de son absence. La Loire et l'Océan sont de mèche avec elle, complices.

J'ai senti les premières gouttes alors que je courais tout droit, en direction de l'estuaire. Pour regagner le centre de la ville il aurait fallu obligatoirement atteindre le carrefour où j'avais vu l'une des voitures de Solem, tout à l'heure. J'ai donc essayé de m'approcher de la plage. Je comptais d'abord la longer sur un bon kilomètre et tenter ensuite d'entrer en ville par le grand parc qui va du fleuve au quartier de la mairie. Après, les rues étaient plus nombreuses et j'aurais davantage de chances d'éviter la moindre mauvaise rencontre.

La marée était basse, avant de le voir je l'ai senti. La bruine levait du fleuve les odeurs de boue et d'algues. Ce parfum sur le port donnait une sensation de chaleur, mais je crois que j'avais tant couru et tant transpiré qu'il s'agissait plutôt de ma propre température. La marée était basse, je n'ai pas admiré le paysage. Un type en costume qui traînait sur le remblai me semblait observer les alentours d'une drôle de façon et sans se soucier de la pluie. Est-ce que je m'inventais des ennemis ? Est-ce que je voyais les hommes de Solem partout ? Probablement.

J'évitais les moindres passants. Aux aguets sur chaque détail, j'accélérais mon pas, m'engouffrais sous un porche, faisais des demitours, tentais de brouiller les pistes. La vérité c'est que je tournais en rond à essayer de ne croiser personne. Le simple ralentissement d'une voiture banale à ma hauteur faisait trépider mon cœur et déclenchait immédiatement ma fuite. N'importe qui me semblait pouvoir être au service de mes poursuivants. Ce groupe de gosses qui jouaient là-bas dans les flaques, ils pouvaient me trahir. À la moindre question, ils répondraient sans se méfier : *« Oui, on a vu passer un monsieur qui courait !… Oui avec une grosse valise en cuir !… Par là, … il y a deux minutes ! »* Tout le monde m'était hostile ou alors je devenais fou, ou bien les deux à la fois.

L'homme du remblai m'avait vu. Ou alors c'était une vilaine coïncidence. Derrière moi, un type en blouson venait de régler l'allure de son pas sur la mienne. J'avais bien trois cents mètres d'avance sur lui, mais il ne semblait pas chercher à me rattraper pour le moment. D'un coup d'œil, je l'ai vu tirer un talkie-walkie de son blouson. Non seulement ils étaient nombreux mais drôlement bien organisés, les salauds ! Il ne fallait pas que je m'attarde. Mais où aller, le correspondant de mon suiveur pouvait aussi bien m'attendre au bout de la rue, à gauche comme à droite. Les hommes de Solem me cernaient en douceur, ils choisiraient leur endroit pour me prendre. C'est eux qui menaient le bal. Il fallait accélérer pour sortir de cette nasse. J'ai pris à gauche, brusquement. Dès le coin de la rue, j'ai foncé, rue suivante, encore à gauche, plus vite, au prochain angle, encore une fois à gauche. Foncer, à m'en faire exploser le cœur. Je venais de faire le tour complet du pâté de maisons. Je me suis caché dans un bosquet, j'ai attendu un moment, le type n'est pas passé. J'ai repris mon sprint, sans savoir où aller, pour m'éloigner le plus possible de l'endroit où il devait me chercher, même si j'avais à présent l'intime conviction qu'ils étaient partout.

J'ai atteint les façades de l'ancienne prison sous une pluie battante qui ne cachait plus son jeu. Il y avait bien une heure que j'avais quitté le toit de la base sous-marine, et je n'avais pas avancé de plus de quatre cents mètres vers le centre de Saint-Nazaire. J'étais tout simplement leur prisonnier. Aller me réfugier au commissariat ? On aurait vite fait de me demander des comptes sur mon emploi du temps de la journée. J'avais beau être de l'autre côté du mur de la maison d'arrêt, du bon côté, j'étais déjà prisonnier. Étouffé. Est-ce que les types qui ont passé des années entières de leur vie derrière ses murs moisis et hérissés de fils barbelés rouillés ressentaient la même chose que moi ? D'un côté, je risquais une balle à chaque pas, de l'autre la prison à vie pour être devenu moi aussi un assassin. À étouffer pour étouffer je choisissais de mourir au grand air. Mais il y avait autre chose, je ne voulais pas que cela se termine sans avoir vu le contenu de cette mallette.

Mais cela ne pourrait plus durer longtemps, le soleil commençait à embraser l'Océan à l'ouest, bientôt la nuit serait sur la ville et je suppose que c'était le moment qu'attendaient Solem et les siens pour récupérer leur bien. J'ai continué, coûte que coûte, à traîner mon bagage jusqu'à épuisement, j'ai marché et couru dans toutes les directions possibles, je tentais de trouver une faille dans leur filet.

J'avançais aussi parce qu'il me semblait que si je m'arrêtais quelques instants pour respirer un peu, j'allais m'écrouler, ivre de fatigue, et qu'alors rien ne pourrait me faire redémarrer. Je les sentais partout présents, derrière les rideaux des fenêtres, cachés dans les voitures qui se dépêchaient de rentrer et m'éclaboussaient au passage, je commençais à confondre les réverbères et les ombres avec des silhouettes qui m'attendaient partout. L'épuisement me faisait délirer. Je me savais perdu, bien plus que dans le hangar, bien plus que sur les quais ou sur le toit de la base sous-marine, mais je ne voulais pas encore totalement me l'avouer. Était-ce la pluie ou mes larmes sur mes joues ? Quand je sentis la main se poser sur mon épaule, je n'ai même pas sursauté, je me suis dit : *« Voilà, c'est fini, de toute façon tu n'avais aucune chance ! »*

– Eh mon bon, t'as pas une pièce pour moi, j'ai faim, et ça caille ici !

Doucement je me suis retourné. Le clochard me souriait pour s'excuser de m'avoir fait peur, ses lèvres découvraient des dents rongées et noircies par les caries. Sa barbe avait bien une semaine et il puait le mauvais vin.

– Quelques francs, pas pour boire, juste pour un café, pour me réchauffer.

Il portait un grand manteau brun et sale. Il avait gardé sa main sur mon épaule, comme si nous avions toujours été de bons amis et que nous nous retrouvions. Sous le manteau, il n'avait qu'un vieux pull troué. J'étais incapable de donner un âge à cet homme. Il avait dû avoir ma taille, à présent son corps était tassé, déjà voûté. Son visage, buriné comme celui des marins, le vieillissait. Seuls ses yeux qui me fixaient dans le crépuscule étaient clairs. J'ai pensé qu'il pouvait avoir mon âge, pas plus, même s'il paraissait beaucoup plus vieux.

– *C'est pas grand-chose que je vous demande monsieur, juste quelques pièces. Faut pas avoir peur.*

– *Je n'ai absolument pas peur, mais je n'ai pas beaucoup sur moi.*

– *Juste une pièce alors !*

– *Voilà cinq francs, je n'ai pas plus !*

– *Merci mon brave, Dieu te le rendra... Dieu ou un autre, c'est comme tu veux !*

Je ne savais pas encore très bien pourquoi, mais j'ai senti que cet homme habillé de loques pouvait m'aider. Je n'arrivais plus à détacher mon regard du grand sac en plastique qui pendait au bout de sa main.

– *Il fait froid ici !*

– *Oh ça pour sûr, il fait froid !*

– Je voudrais vous donner ma veste, elle est fourrée et elle vous tiendra bien plus chaud que ce vieux manteau râpé.

J'ai commencé à retirer ma veste, sans la moindre hésitation. Muriel me l'avait offerte en octobre pour ma fête et pour que je présente mieux lors de mes entretiens d'embauche, c'était sans hésitation le plus beau cadeau qu'elle m'ait jamais fait. Elle comprendrait le sacrifice. L'autre, en face, il n'en croyait pas ses yeux.

– Mais !. .. Oh là, ça ne va pas fort, toi !?

– Ma veste et mon pull aussi !

– T'es un curé ?

– Non, simplement, je... disons que c'est mon jour de bonté et tu vas en profiter. Ça t'inquiète ?

– Ce qui m'inquiète c'est que tu vas rentrer chez toi sous la pluie et sans rien sur le dos !

– Eh bien ! J'ai fait semblant de réfléchir avant de le rassurer. *Eh bien tu vas me prêter ton vieux pull et ton manteau, pour le petit*

bout de chemin qui me reste à faire. Comme ça c'est un échange, pas seulement une charité. Ça te va ?

Il me regardait sans plus rien comprendre. Il s'est gratté la tête et il a fini par éclater de rire en me tendant ses vieilles nippes :

– *Tu sais, j'vais t'dire un truc, j'en ai déjà vu des gars qui faisaient de mauvaises affaires, mais là, ça m'en bouche un coin ! Un truc pareil, ça ne se refuse pas.*

– *Eh bien, profites-en !*

– *Tu regretteras pas, hein ? Parce que j'aime pas les histoires, moi !*

– *Il n'y a pas de risque, je sais ce que je fais !*

– *Tu veux échanger aussi mon cabas contre ta valise ?*

Il se moquait de moi, ou alors il était tout simplement persuadé que j'avais un grain déjà bien germé.

– *Non, c'est pas une valise qui te donnerait plus chaud !*

– *T'es quand même un sacré prince.*

– C'est mon jour de bonté, je t'ai dit! Pas de pitié, mais de bonté. Ce soir c'est toi qui en profites!

Il a absolument tenu à me serrer la main, comme si effectivement nous venions de conclure un important marché tous les deux. Comme si dorénavant nous étions liés par le sang. Quel sang ? Le sien ou le mien ?

Je l'ai regardé s'éloigner dans le soir naissant, il titubait un peu. Il devait être en train de rire dans sa barbe de ma bêtise plus que de ma générosité. Moi je savais que bientôt, dans deux ou trois rues, les hommes de Solem l'attendaient, au bout de leurs gâchettes. Est-ce que j'étais devenu la plus belle crapule de cette ville ? Je ne sais pas. Je voulais vivre, je n'ai pas d'autre excuse. Je voulais vivre et chaque instant gagné était une victoire.

8

J'ai failli vomir tellement je puais dans ce manteau. Mais vomir quoi ? Je n'avais rien mangé depuis la veille au soir, et ce n'était pas les deux petits cafés pris ce matin chez Roger qui avaient pu me nourrir.

Je me suis à nouveau engagé dans le dédale des rues. Exactement dans la direction opposée à celle qu'avait prise le clochard avec mes vêtements. Je sais que c'est ignoble, mais je reprenais espoir en pensant à cet homme qui marchait tout droit vers un piège qui m'était destiné. J'avais insisté pour obtenir des vêtements que j'ai si souvent eu peur de porter. J'avais l'allure que les chômeurs en fin de droits craignent d'avoir un jour. Étrange paradoxe, cela avait été le seul moyen pour déjouer la vigilance des chiens de garde qui me flairaient partout.

J'ai réussi à m'approcher du centre de la ville, mais je ne savais plus vraiment où je devais aller. Chez moi ? Pas maintenant, trop tôt ! Chez Muriel ? Beaucoup trop loin.

Cela faisait un moment que l'idée de lui téléphoner martelait mon esprit. Depuis ma rencontre avec le clochard, je ressentais le besoin de lui parler. Pas pour lui raconter tout ce qui s'était passé, non, pour lui dire, au cas où, à quel point je l'aimais, que j'avais besoin d'aide mais qu'elle ne pouvait rien pour moi, sinon me donner de la confiance, comme elle savait si souvent le faire. Mais un clodo, est-ce que ça téléphone ? Pour ne pas m'arrêter quelques précieuses minutes dans une des cabines qui bordaient ma course, j'ai dû me faire violence.

La pluie a redoublé, elle se moquait de ma panique et de ma fatigue, elle aussi devenait la complice de Solem.

Dieu que c'est petit Saint-Nazaire quand on veut se cacher ! La crise d'asthme montait dans mes bronches, c'est au sanatorium ou à l'hôpital qu'ils me cueilleraient si je ne trouvais rien d'autre pour m'arrêter.

Après avoir longé des milliards de kilomètres de rues bordées de maisons proprettes, j'ai atteint un quartier d'immeubles. Un immeuble ! Bon sang comment n'y avais-je pas pensé plus tôt ! Une femme est descendue d'une voiture noire sur un petit parking. Je me suis caché derrière une caravane garée à peine à deux mètres du hall. Une grande femme aux cheveux bruns frisés. Elle tentait de les protéger des bourrasques du vent avec son parapluie. Je l'ai trouvée incroyablement belle, peut-être aussi parce qu'elle allait me sauver sans le savoir. Au portier électronique elle a tapé un code secret. 91 A et quelque chose. La porte s'est ouverte devant elle. J'ai attendu que la lumière du hall s'éteigne avant de sortir de ma cachette. J'ai essayé sept combinaisons du « sésame ouvre-toi » avant que 91 A 8 débloque la baie vitrée devant moi, comme par magie. Je suis entré dans le hall, comme un brave père de famille après sa journée de boulot, même si je n'en avais ni l'apparence, ni l'odeur. Je n'ai pas voulu allumer le minuteur, la lumière des réverbères du parking me suffisait. Une porte en fer à côté des boîtes aux lettres, un escalier qui descend dans les caves, un couloir sombre et humide qui sent l'urine des chats, et un autre plus étroit qui mène à la chaufferie et au local des poubelles, ce n'est que là que j'ai réussi à m'arrêter et à m'asseoir. Semés ! Je n'ai pas dit sauvé, juste : semés.

Je n'en pouvais plus. Je me suis affalé par terre dans l'obscurité, peut-être dans l'urine des matous. Cela n'avait aucune importance.

Je tremblais de froid, de peur et de fatigue. À chaque instant j'imaginais que la lumière allait venir brusquement baigner la cave, que Solem en personne, entouré de ses hommes de main, sortirait de nulle part pour s'avancer vers moi et que, avant d'intimer l'ordre qu'on m'abatte, il s'approcherait de ma carcasse, tendrait la main vers la valise, me sourirait crispé et dirait enfin simplement : *« Fini de jouer petit, ce sont toujours les meilleurs qui gagnent ! T'aurais pas dû l'oublier ! »*

Le moindre son dans l'immeuble me terrorisait. C'est incroyable les bruits que les tuyaux d'une chaufferie ou les gaines des vide-ordures peuvent faire la nuit. C'est un orchestre qui joue une partition macabre et effrayante. Je songeais à ma mort et je me suis endormi sans vraiment m'en apercevoir. De toute façon, qu'ils viennent, je suis fatigué, épuisé de mon existence de rat. Je n'ai plus de force, que je ne me réveille jamais. Une heure de sommeil sans rêve, sans rien d'autre que la plus abominable des fatigues, mêlée à la plus abominable des odeurs.

Lorsque je me suis réveillé, je suis encore demeuré longtemps assis, ivre de ma transpiration, baignant dans ces loques trempées, j'avais faim et soif. Le sommeil ne m'avait accordé qu'un petit sursis et redonné un peu de forces. Ce n'est qu'après de longs moments vides et noirs que je me suis traîné jusqu'à la minuterie et que j'ai ramené la mallette sur mes genoux.

J'ai tenté d'abord de forcer les serrures de mon précieux bagage. En vain, je n'ai réussi qu'à casser l'ongle de mon pouce et à m'énerver un peu plus. J'étais prêt à déchirer la mallette de mes dents s'il le fallait. Je voulais savoir tout de suite si j'avais risqué ma vie pour rien. La balle que le rouquin avait tirée tout à l'heure, alors que j'hésitais à sauter la passerelle du Petit-Maroc, avait fait un trou sur une des largeurs de la valise, à un centimètre d'un des coins d'acier. Elle n'avait pas transpercé le cuir, du moins pas complètement. À l'endroit de l'impact, il était un peu brûlé, mais je distinguais encore la balle légèrement enfoncée. J'ai simplement eu à la pousser avec mon index comme on enfonce un suppositoire. Ensuite j'ai gratté autour du trou pour agrandir suffisamment l'orifice. Avec deux doigts, j'ai fouillé le contenu.

Ça crissait doux comme un tango sur les bords du rio de La Plata[1]. Je veux dire, pas comme du timbre-poste, pas comme de la carte postale. Ça crissait comme la richesse,

1. Grand estuaire du fleuve Parana, marquant la frontière entre l'Uruguay et l'Argentine.

ça murmurait « beaucoup ». À griffer tout autour du trou, comme un rat qui s'acharne sur un morceau de gruyère, j'ai agrandi encore l'ouverture, et j'ai sorti un morceau de Pascal. Un Pascal !!!

J'ai ri en pensant que, pour la première fois de ma vie, je venais de déchirer un billet de cinq cents francs. Moi qui n'avais même plus vingt francs en poche… j'ai ri, et j'ai pleuré aussi.

J'ai attendu encore plus d'une heure avant de quitter mon trou à rats.

Il me fallait obligatoirement passer chez moi. Si je n'avais pas le temps de me laver, au moins je pourrais changer de vêtements et, à l'aide d'outils, forcer enfin les serrures de mon trésor. Après filer, loin, très loin. N'importe où mais loin. Même si Solem m'avait perdu et ne pouvait pas savoir où j'habitais, même s'il ne pouvait connaître mon nom, j'avais encore des précautions énormes à prendre. Après… après j'allais vivre. *« Muriel, mon amour, j'arrive ! Je suis le nouveau chevalier qui vient pour t'emmener. J'ai traversé l'enfer pour te rejoindre, j'ai tué et me suis battu, moi si sage, moi qui n'avais jamais fait aucune vague. Je me suis transformé en loup pour arriver vivant devant toi, mon cœur ! Muriel, je viens te tirer de devant les résultats du Loto à la télé. Je viens te faire comprendre que ce n'est plus la peine de cocher des numéros sur une grille pour avoir de l'espoir, la super-cagnotte, elle est là, au bout de ma main. Dorénavant je m'appelle : "Père Noël" tous les jours de l'année. »*

Une ambulance passait sur le boulevard. Au loin son gyrophare dessinait des ombres bleutées sur les façades de la mairie, j'ai songé au clochard, j'ai continué à avancer. J'avais l'impression d'être immortel, pas seulement parce que la pluie avait abandonné la partie, mais bien plutôt parce que j'avais immensément envie de vivre.

En la traversant, j'ai aimé cette ville comme jamais je ne l'ai aimée. Peut-être parce que j'allais devoir la quitter. Saint-Nazaire m'apparaissait plus séduisante et plus délicate. Une grande fille que cette ville, moi qui ne l'avais jamais crue complètement mûre. Trop droite, comme l'homme que j'avais toujours été, tracée à l'équerre lorsqu'il avait fallu la reconstruire après la guerre. À présent je la sentais plus douce, plus arrondie, féminine. Je savais qu'avant longtemps, peut-être jamais, je ne la reverrais. Certains parlent de l'Australie quand ils prétendent un jour s'enfuir loin pour recommencer leur vie, tout plaquer ; d'autres évoquent le Canada. À chacun sa géographie dans son atlas personnel. Moi, c'était encore ailleurs.

On dit que là-bas, en Argentine, les villes sont quadrillées comme ici, en angles droits. Elles sont taillées au cordeau, tels des potagers trop propres. On dit que, là-bas, les rues mènent jusqu'à des immensités de plaines et de désert qui vont mourir au bout du monde. J'attendrai les fantômes des caravelles du grand navigateur Magellan en Terre de Feu. *Ushuaïa* ne sera plus seulement une émission de télévision, ce sera aussi une ville que je visiterai. Séquence passion ! J'apprendrai à danser et à chanter le tango, je saurai monter à cheval et, de toute façon, ce seront mes chevaux. Tu entends papa ? « Mes chevaux ! » Toi qui faisais ton petit tiercé tous les dimanches matin au bar-tabac de la rue du Croisic, toi qui déchirais ton billet perdant tous les dimanches après-midi, tu entends ? Ce seront mes chevaux !

9

À près dix tours du pâté de maisons, après avoir attendu caché sous un porche à surveiller les entrées et les sorties de mon immeuble, après mille précautions, je suis monté jusqu'à ma chambre mansardée, au troisième étage de l'avenue de la République.

Les serrures de la mallette n'ont pas résisté longtemps aux assauts de mon tournevis et de mon marteau. J'ai ouvert. C'était comme une grille de mots croisés de huit cases sur quatre. Pas une seule case noire. La même lettre dans chaque case. 500 francs ! Les billets rangés proprement en liasses et sur toute l'épaisseur de la valise. Rangés pour moi. Huit fois quatre égale trente-deux. Trente-deux multipliés par 500 égale beaucoup. Beaucoup multiplié par l'épaisseur de la valise, ce n'est plus une fortune, c'est un vertige. Je n'ai pas su faire la multiplication de tête. Les chiffres comme ceux-là ne tiennent même pas sur les calculettes ! J'ai conclu que cela représentait ÉNORMÉMENT, avec des majuscules partout. Cela m'a suffi à balayer toute ma fatigue et toute ma crasse. J'ai sauté dans un jean noir et enfilé un gros pull marin blanc. Un vieil imperméable sombre par-dessus tout ça, j'ai balancé dans le vide-ordures les vêtements du clochard. Pas le temps de prendre une douche.

Pas le temps parce que le téléphone a sonné alors que je sombrais dans mon vertige de chiffres et de bonheur. J'ai paniqué.

La sonnerie insistait. Selon moi cela ne pouvait pas être eux, ils ne savaient pas mon nom, pas mon adresse, rien. Pourtant j'avais peur. Si c'était eux, ils allaient me proposer un marché de dupes ou quelque chose du genre. Sinon ils ne prendraient pas le soin de me téléphoner. Un échange ? Mais cette valise, elle était à moi, ils étaient mes voleurs à présent ! Je ne savais plus quoi faire, ce pouvait être aussi Muriel. Ma main tremblait au-dessus du combiné. Pile ou face ? J'ai décroché.

« Allô, c'est Roger ! Des hommes te cherchent et ils ont ton adresse. Il avait du mal à parler, ses mots étaient étouffés et laborieux dans sa gorge. *Ils ont tout cassé ici, au bar, tout. Tu sais, ils ont l'air de drôlement tenir à te retrouver...*

Ils viennent de partir ! Je ne sais pas dans quoi tu t'es fourré, mon gars... mais ces types, à mon avis... ils en savent bien plus long que la police sur le super-casse de la Banque de France qui a eu lieu avant-hier ! Tu sais, je voulais pas parler, mais ils ont tout foutu en l'air, tu verrais ce qu'ils ont fait à Groucho !

– Et toi Roger ?

– Perds pas de temps à poser des questions inutiles, mon gars ! Magne-toi ! Je sais pas quoi faire... mais magne-toi ! »

Les ordures ! Pour un muet taciturne, il avait fait de sacrés progrès dans le loquace et l'efficace, mon Roger. De sacrés efforts aussi. Si je m'en sortais je saurais lui devoir ce que l'assurance ne lui remboursera jamais. J'ai oublié de lui dire merci.

J'ai vidé tout le contenu de la valise dans mon sac à dos, je cherchais une arme, un couteau, une paire de ciseaux, j'ai saisi le marteau. Je paniquais, je perdais du temps. Muriel, prévenir Muriel. Je n'ai eu que le temps de faire les quatre premiers chiffres de son numéro, j'ai entendu du bruit derrière la porte d'entrée. J'ai ouvert la fenêtre de la chambre et j'ai balancé une chaise dans la cour en bas. Ça a fait un fracas énorme. Le type est entré précipitamment dans ma chambre. Son arme au poing, il a foncé à la fenêtre ouverte, pensant que j'avais sauté. Il s'est penché pour voir. Avec le marteau, je l'ai aidé à tomber...

À peine le temps d'arriver sur le trottoir, les deux Buick débouchaient au bout de la rue. Sanglé sur mes épaules, mon sac à dos plein, j'ai démarré ma vieille 125 qui dort toujours là, contre un lampadaire. Plus beaucoup d'essence, pas moyen d'aller très loin. En pleine ville, ils ne pouvaient pas me tirer dessus au vu des files d'attente des cinémas et des fréquentes rondes de la police. Mais, sans quitter le centre de la ville, je ne risquais pas de m'approcher de l'Amérique du Sud et de Buenos Aires. Je longeais le boulevard du port à toute bringue, derrière les voitures me suivaient à bonne distance, elles attendaient le meilleur moment, le meilleur endroit.

Alors j'ai eu cette idée folle de bifurquer sur la bretelle qui mène au grand pont sur l'estuaire. Je sais que c'est idiot, mais pour moi, à cet instant-là, le pont, c'était déjà la route du Sud. C'était gagner du terrain, c'était le chemin à prendre, c'était me rapprocher du but, même si je sentais que jamais je ne pourrais l'atteindre.

Je doublais des semi-remorques immatriculés dans le Finistère et gorgés de choux-fleurs pour les Bordelais. C'est loin l'Amérique ? Tais-toi et roule ! Les autres, derrière, se sont décidés à me balancer des pruneaux qui ne venaient pas d'Agen. Je zigzaguais sur la chaussée pour les empêcher de doubler et pour éviter les balles.

La proximité du péage du pont a calmé leurs tirs. Moi j'ai accéléré sans déposer mon droit de passage à la barrière d'entrée. De toute façon, je n'avais pas de monnaie...

Mon moteur fatiguait pour gravir la rampe du pont jusqu'aux flèches lumineuses, tout en haut. Il me fallait trouver une solution avant le sommet. Les flics m'attendraient sur l'autre rive de la Loire pour avoir resquillé au péage, les autres derrière aussi on leur demanderait leur certificat de naissance ou leurs papiers, mais je serais le premier à tomber dans l'épuisette de la police et, quoi qu'il en soit, tout serait terminé. Adieu l'Amérique. Adieu Muriel. Adieu mes rêves !

La Loire roulait sombre son ultime message avant de devenir océan. La bouche du fleuve, large et gourmande, dévorait la nuit. L'armée des pêcheurs de civelles[1] et d'anguilles, qui remontait le fleuve en direction de l'Atlantique sur leurs petits chaluts scintillants, illuminait la Loire sous mes pieds. Leur petite flottille, c'était comme si on avait

1. Petites anguilles pêchées dans les estuaires de la Loire et de la Vilaine.

donné un bal de 14 Juillet au milieu du fleuve. Alors...

Alors j'ai mis la moto en travers de la chaussée, j'ai poussé le moteur à fond tout en maintenant les freins serrés. Les deux Buick arrivaient d'un côté, des hommes de Solem se penchaient des fenêtres arrière pour me mettre en joue. De l'autre côté, deux gyrophares avec des hurlements de sirène arrivaient à toute vitesse. Si j'avais connu une prière, une vraie, j'aurai hurlé à Dieu, autre chose que : *«Putain, donne-moi ma chance! Déconne pas, donne-la moi!»* C'est tout ce que j'ai été capable de gueuler dans la nuit. La balle a atteint le réservoir, à un ongle de ma cuisse. Alors...

Alors j'ai lâché les freins en levant mon engin pour qu'il s'élève bien au-dessus du parapet. J'ai volé. J'ai volé dans la nuit, en hurlant de peur et de rage.

10

Buenos Aires, le 23 mai

Muriel, mon amour,
Cette lettre qui te parvient aujourd'hui par l'intermédiaire de ce pêcheur de civelles que tu ne connais pas, cela fait trois mois que je désire te l'envoyer.

De même que ce billet d'avion que tu ne pourras pas utiliser avant quinze jours.

Avant toute autre chose, brûle ces pages dès que tu les auras lues. C'est très important. Sois prudente ! Brûle ces pages !

NE PARLE À PERSONNE DE TON VOYAGE ! ABSOLUMENT À PERSONNE !

Prends un congé, sans donner la moindre explication, et viens vite me rejoindre !

À présent, retiens bien ce qui suit.

Tous les jeudis, ici, sur la grande place de Mai, il y a une manifestation silencieuse de femmes qui portent des fichus ou des foulards sur la tête. Je serai parmi la foule qui les regarde. Ne me cherche pas. Promène-toi devant la Casa Rosada, prends quelques photos en touriste, tourne encore dans la foule un moment, et éloigne-toi. La Casa Rosada, c'est le grand palais présidentiel, une sorte de gros gâteau d'anniversaire qui domine le rio de La Plata. Ne me cherche pas ! Promène-toi sur cette place un jeudi après-midi, c'est tout, sans te retourner. De toute façon, tu aurais du mal à me reconnaître, j'ai fait teindre mes cheveux, je me suis laissé pousser une barbe que tu ne me connais pas. Fais-moi confiance, ma chérie. Mais sache que je ne prendrai contact avec toi qu'après m'être assuré que personne ne t'a suivie. Cela peut prendre plusieurs jours.

Muriel, mon amour, tu vas quitter un estuaire pour un autre, celui d'ici mesure jusqu'à deux cents kilomètres de large. Tu vas quitter le printemps à Saint-Nazaire pour l'automne austral. Mon cœur, je suis en ce pays du bout du monde pour nous. Je t'attends. Il me faudrait te parler de ces avenues qui débutent au n° 1 pour aller mourir, en bordure des grandes plaines de la pampa, au n° 49 000 ! La plus longue de ces avenues s'appelle Rivadavia, on dit que c'est la plus longue du monde.

Muriel, il me faudrait te raconter tant de choses. Du plus beau plongeon du monde avec ma moto à ce savoureux grog offert par ce vieux pêcheur de civelles qui m'a recueilli, sans poser la moindre question. Il me faudrait te parler de cette vertigineuse descente de treize mille kilomètres vers le sud de la planète...

Laisse venir, nous allons avoir le temps, maintenant, de parler et de vivre. De nous aimer.

Je t'aime.

Si ce livre t'a plu,
lis ces quelques pages
de Serge Quadruppani

Tonton tué

n° 20 de la collection

Extrait

Le samedi 20 juin, vers 8 h du matin, la Safrane de M. et Mme Templon quitta l'allée de leur jardin pour s'engager sur la route.

Quand le portail automatique commença de se rabattre derrière eux, leur fils Stéphane, treize ans, renversa la tête en arrière et poussa un grand cri en se tambourinant la poitrine. Puis il s'écarta de la fenêtre du salon, courut à sa chambre, appuya sur le bouton *play* de son lecteur de CD et les hurlements de Green Day, son groupe fétiche, emplirent la pièce.

Quand sa mère était venue, un peu plus tôt, lui poser une main caressante sur le front, elle l'avait tiré d'un rêve très agréable où Djemila, sa copine turque, était assise à ses côtés, devant un jeu vidéo, et sur l'écran, il se passait des trucs intenses.

Le ronronnement du moteur proclama que Gisèle et Gérard, ses parents, étaient partis pour rouler une cinquantaine de kilomètres, jusqu'à la lisière d'une forêt dans laquelle, sac d'une tonne sur le dos et sourire idiot aux lèvres, ils allaient s'enfoncer. Et marcher sur des sentiers qui montent, pousser des cris de bonheur devant des panoramas, marcher, se faire piquer par des moustiques, marcher, bouffer assis sur des petits cailloux pointus au milieu des fourmis, marcher, crever de soif, dormir par terre dans une ruine pleine de poussière, marcher, marcher, marcher !

Stéphane avait fait ça une fois, après quoi il avait solennellement annoncé à ses parents adorés que s'ils essayaient seulement de le convaincre de recommencer, il se jetterait par la fenêtre. La maison n'avait pas d'étage, mais ils avaient compris le message.

À présent, assis devant son écran, il tirait sur les envoyés du Sorcier Noir qui tentaient de l'empêcher de parvenir jusqu'à la princesse Ida. Il avait déjà franchi quatre étages du château, mais il ne lui restait qu'une vie, et des karatékas tombaient du plafond. Il réussit à exploser la tête du samouraï qui avait surgi à l'angle du couloir en brandissant une épée-laser, mais vit trop tard la trappe qui s'ouvrait sous ses pieds et tomba dans la gueule d'un monstre rose et visqueux. Malgré tout, Stéphane sourit. Il n'était jamais allé aussi loin.

Avant de repartir à l'assaut, il allait descendre à la cuisine se faire un chocolat comme il les aimait, avec beaucoup de chocolat et très peu de lait, et s'envoyer une boîte ou deux de sardines à la tomate, avec un Coca pour faire passer le tout. Ensuite, il regarderait un petit coup de MTV sur le câble avant de se refaire une douzaine de parties de *Dark Wizard*.

S'il avait envie d'air frais et d'exercice, il jouerait un moment sur la pelouse avec

Mouton, le briard de la famille, et comme Stéphane n'avait pas envie de se taper le tour des villas du lotissement, pour une fois, ce cher Mouton aurait le droit de chier sur le gazon.

Bien entendu, toute la journée, la chaîne du salon diffuserait à fond la caisse quelques *bons* disques, et il n'éteindrait jamais la télé et zapperait comme un malade en bouffant des chips. Dans l'après-midi, il troquerait son pyjama contre un jogging et prendrait son VTT pour aller voir Karim. Ils feraient un tour au MacDo du centre commercial pour rencontrer quelques copains pas trop nuls puis, le soir venu, ils reviendraient tous les deux et tâcheraient de dénicher dans le bureau de Gérard la nouvelle cachette des cassettes porno. Ils essaieraient de se faire une nuit blanche et, en tout cas, ils ne s'endormiraient sûrement pas avant deux ou trois heures du matin. Quand ils se réveilleraient, une bonne bouffe, et direction la piscine...

Deux jours complets de bonheur, pensa Stéphane. Évidemment, il ne pouvait imaginer que dans quelques heures, on essaierait de le tuer.

MTV était justement en train de passer le clip génial de Geek Stink Breath, celui où les contorsions de Billie Armstrong et des deux autres alternent avec l'extraction d'une molaire en gros plan, quand le téléphone sonna.

Stéphane coupa le son de la télé et décrocha avec un mauvais pressentiment. Qui se vérifia aussitôt :

– Allô, fit la voix de Martine. Ça va, petit frère ?

Sa grande sœur, Stéphane l'adorait au moins autant que ses parents. Il la trouvait belle, rigolote, et pas trop nulle, côté musique. Mais, chaque fois qu'elle appelait, c'était pour annoncer une nouvelle catastrophe. Elle avait quinze ans de plus que lui, et une douzaine de fiancés désastreux derrière elle. Elle s'était tirée de la maison à dix-sept ans et demi, mais quand Philippe, le gros motard, l'avait jetée à la rue enceinte de sept mois, quand Ivan, le réfugié bosniaque, avait voulu la mettre sur le trottoir, quand elle n'avait plus su comment se débarrasser de l'autre, là, le toxico dont Steph ne se rappelait plus le nom, ou quand Vincent avait voulu les faire entrer, elle et sa fille Anaïs, dans une secte bien tordue, à chaque fois, elle n'avait vu qu'une solution : téléphoner à papa-maman.

– Ça va, grogna Stéphane. Qu'est-ce qui t'arrive, ma sœurette, ton Janjan a voulu te découper à la tronçonneuse ou t'es encore entrée dans une bagnole de flics en marche arrière ?

Jean, dit Janjan, le fiancé actuel, était bûcheron. Est-ce la référence à son mauvais caractère, ou bien l'allusion à ce jour où Martine avait vraiment défoncé une voiture de flics en reculant, après s'être aperçu qu'elle s'était engagée dans un sens interdit, ou bien les deux ? En tout cas, la réplique de Stéphane ne fut pas appréciée :

– Petit con, va ! Retourne tripoter ta console et passe-moi Gérard.

– Pas là.

Martine poussa un soupir exaspéré.

– Alors, passe-moi maman.

– Pas là non plus. Ils sont en excursion.

– Allez, arrête, t'es pas marrant ! J'ai pas de temps à perdre, passe-moi Gisèle ou Gérard.

Stéphane poussa un soupir excédé.

– Ils sont partis, je te dis. Jusqu'à demain soir. Tu sais bien, leur balade mensuelle.

À l'autre bout du fil, il y eut un silence, puis ce que Stéphane redoutait le plus arriva : un sanglot.

– Oh non ! Ils peuvent pas me faire ça ! Ils m'avaient promis... C'était entendu entre nous, qu'ils s'occuperaient d'Anaïs le 27 !

Sur l'écran muet de la télé la tête de Kurt Cobain était apparue. Nirvana ! Stéphane sentit la rage monter. Il y avait un clip de Nirvana, et il était obligé d'écouter cette débile !

– Martine, merde, on est le 20 ! Rappelle demain soir ou lundi, je t'embrasse.

Il esquissa le geste de raccrocher, mais pas assez vite pour échapper au hurlement de Martine :

– Stéphane, je t'en prie !

Le ton était si déchirant qu'il fut bien obligé de se recoller l'écouteur à l'oreille.

– J'ai mis Anaïs dans le train qui arrive à 10 h 05, gémit Martine. Il faut aller la chercher.

– Quoi ? Oh, zut !

Stéphane prit une profonde inspiration. Sur l'écran, la langue rose vif de Courtney Love occupait tout l'espace, gigotant en tous sens, comme dotée d'une vie autonome. Il n'y avait pas d'échappatoire. Stéphane ne pouvait pas laisser sa petite nièce de huit ans débarquer seule sur un quai de gare.

– Bon, dit-il. D'accord, t'as réussi à me gâcher ma journée. Je vais aller l'attendre et je te la renvoie par le premier train dans l'autre sens. Je te rappelle pour te dire l'heure.

– C'est pas possible, dit fermement Martine.

Puis elle toussota et prit le ton de la grande sœur cajoleuse :

– Mon petit Steph, s'il te plaît... Écoute-moi, je suis désolée de t'embêter, mais écoute-moi... Janjan et moi, on traverse une crise, on a besoin de se retrouver un peu tous les deux, tu vois. Pour faire le point sur nos rapports, tu comprends ?

Sous la veste du pyjama, Stéphane se triturait l'estomac. Le ton doucereux de sa sœur lui donnait la nausée. (Ou alors, c'était la chantilly en bombe qu'il avait rajoutée au chocolat.)

– Tu comprends ? insista Martine.

– Mouais, fit Stéphane, avec l'impression de se faire arnaquer.

– Alors, rends-moi service, s'il te plaît. Garde Anaïs pour le week-end.

Sous l'effet de l'indignation, la voix de Stéphane s'enraya :

– Quoi ? T'es pas un peu malade ?

Il la trouvait vraiment ridicule, cette voix aiguë qu'il avait, des fois.

– Tu l'adores, ta nièce, non ? Et elle aussi, non ? Tu te souviens du jeu que vous aviez ? Le « tonton tué » ? Elle m'en parle souvent... Un jour et demi, ça sera pas long, tu verras, je suis sûre que vous allez bien vous amuser.

– Pas question, j'ai prévu plein de trucs à faire, je peux pas m'occuper d'elle en même temps.

– Quels trucs ?

– Des trucs..., dit Stéphane, coincé.

– Steph, mon petit Steph, tu vas faire ça pour moi, hein ? S'il te plaît !

Ça a duré encore un moment comme ça, parce que Stéphane ne voulait pas se rendre sans se battre, mais il savait bien qu'il avait perdu. Tout comme il était sûr, quand il commençait une partie de *Dark Wizard,* que cette fois encore, il n'arriverait pas jusqu'à la princesse, il avait compris dès le début de la conversation que son week-end était foutu. Ceux qui avaient conçu le logiciel de Martine l'avaient programmée à un niveau de difficulté inaccessible à toute logique humaine.

La gare n'était qu'à un quart d'heure à pied, mais Stéphane s'était attardé à essayer les coups de Zarak, le héros mi-démon mi-araignée, et il venait de réussir le banana split, ce crachat de tentacules qui entoure l'adversaire d'un cocon incassable, quand il s'aperçut soudain qu'il était dix heures moins cinq et que dans dix minutes, Anaïs allait débarquer du train.

Il arriva rouge et essoufflé au début du quai, en se tenant le côté. Le train était déjà là. Des gens affluaient, tirant leurs bagages à roulettes, ou poussant des chariots. On s'embrassait, on papotait, on s'agglutinait, on s'aidait à porter les paquets et les bébés, bref, on gênait le passage de Steph. Martine lui avait dit que la petite était dans la voiture numéro douze, ça faisait loin. Un groupe de militaires en permission qui portaient des gros sacs à l'épaule passa en courant et beuglant. Un gros rougeaud bouscula Steph, un blafard à lunettes l'engueula. Steph flanqua au premier un bon coup de Power Slice, la hache magique. Puis il passa le second au fil de Fire Storm, l'épée flambante...

Arrivé à la hauteur de la voiture douze, il se figea, gorge serrée. Surveillés par un groupe de quatre ou cinq flics, des hommes en blanc descendaient tant bien que mal un brancard par la portière du wagon. Un contrôleur donnait des conseils. Entre les dos des gens qui s'affairaient, Steph distinguait mal, mais il lui sembla bien que la forme sur le brancard, enveloppée d'une feuille métallisée comme un rôti qu'on range au frigo, était celle d'une personne de petite taille.

– Pousse-toi, gamin, commanda un flic sans agressivité.

Stéphane se haussa sur la pointe des pieds

pour regarder par-dessus le gros bras policier. On posait le brancard sur un chariot à roulettes. La couverture métallisée glissa, de gros godillots d'homme apparurent, Steph poussa un soupir de soulagement et dans son dos une voix dit :

– T'as drôlement grossi, tonton !

Il pivota, furieux. C'est vrai qu'à force de rester assis devant son écran, à engloutir du sucré et du pas diététique, il s'était pas mal arrondi, du côté des joues et du reste. Le miroir de la salle de bains était devenu un ennemi personnel, il avait fallu se battre avec les deux ou trois nazes qui l'avaient appelé « bouboule », mais c'était pas une pisseuse de huit ans qui allait...

– Tonton tué !

Une masse ébouriffée et gigotante heurta sa poitrine et s'accrocha à lui. Des mains s'étaient agrippées au tee-shirt dans son dos, des jambes courtes mais solides lui enserraient la taille. Anaïs était toujours aussi rapide. Mais la petite avait grandi. Elle pesait. Steph grimaça en essayant de lui écarter les mains mais elle tint bon. La tête renversée en arrière, son minuscule nez froncé par le rire, la fillette hurla de nouveau :

– Tonton tué !

Un flic contemplait la scène d'un air bonhomme. Steph lui lança un regard noir.

– Ça va, grogna-t-il à l'adresse de sa nièce, lâche-moi ! On va pas jouer à ça ici.

Le brancard s'éloigna rapidement, poussé par les infirmiers et entouré de flics. Anaïs se laissa tomber à terre.

– Vous êtes l'oncle ? s'enquit le contrôleur.

– Voui, gueula Anaïs, c'est mon tonton !

Elle avait attrapé auprès de l'avant-dernier fiancé de Martine un spectaculaire accent du Midi qui ressortait par moments, en particulier quand elle prononçait le mot « tonton ». Stéphane rougit. Et rougit encore plus de se sentir rougir. Il prit le petit sac à dos d'Anaïs que lui tendait le contrôleur et, ignorant la main qu'elle lui offrait, se dirigea vers la sortie à grands pas, sans regarder si elle le suivait. Immobile, Anaïs le regarda s'éloigner. Elle fronça de nouveau le nez, mais cette fois sans gaieté, et se mit à courir.

– Attends-moi, tonton ! cria-t-elle.

À la hauteur des machines à composter, Stéphane pila, pivota sur ses talons et cracha :

– Arrête, hein ? Arrête de m'appeler tonton ! Je suis pas ton tonton, je suis Stéphane, c'est moi qui vais être obligé de te garder ce week-end, parce que les parents sont pas là, et ça me fait pas plaisir, t'as compris ?

Aux premiers mots du garçon, Anaïs avait sursauté. Puis elle l'avait écouté sans rien dire. Il y eut un silence. Elle le regardait. Elle était toute pâle. Steph dansa d'un pied sur l'autre, poussa un grand soupir.

– Allez, on y va. On va prendre le bus.

Dans l'autobus, Anaïs prit place sur un siège solitaire et colla son visage contre la vitre. Debout, un bras suspendu à une poignée,

Steph lui jetait des regards à la dérobée. Quand il vit un sanglot contenu gonfler le gros blouson rouge de la gamine, il n'y tint plus et lui caressa la tête.

– Excuse-moi, Nana, dit-il.

– Chuis pas Nana, dit la petite, en secouant ses cheveux carotte comme si le surnom affectueux y était resté accroché.

– Allez, excuse-moi, insista Stéphane. C'est pas vrai, tu sais, j'étais en colère parce que j'aime pas que tu m'appelles tonton devant tout le monde, mais je suis bien content que tu sois là, tu vas voir, on va bien rigoler tous les deux...

Elle était aussi têtue que sa mère et Steph dut argumenter pendant presque tout le trajet jusqu'à ce qu'elle se décide à lever la tête et à se jeter dans ses bras en criant :

– Tonton tué !

Comme il avait beaucoup à se faire pardonner, quand elle pointa deux doigts sur son crâne en faisant «ksscch ! », il n'hésita pas et se laissa tomber sur le côté pour rouler sur le plancher en serrant contre lui la fillette qui hurlait de joie. Le chauffeur freina et gueula qu'il y en avait marre des voyous qui foutaient le bordel. Les passagers approuvèrent à haute voix et un type avec une boucle d'oreille et une cravate dit que c'était mieux quand il y avait Vigipirate et des soldats armés de fusils de guerre dans les bus.

souris noire

Dans la même collection

1 **Pinguino**
Franck Pavloff

2 **Lambada pour l'enfer**
Hector Hugo

3 **Le Squat résiste**
Franck Pavloff

4 **Ippon**
Jean-Hugues Oppel

5 **Cauchemar-rail**
Stéphanie Benson

6 **Mon frère est un drôle de type**
Olivier Mau

7 **La Calanque des ermites**
François Joly

8 **Un privé chez les nababs**
Gérard Moncomble

9 **Embrouille à minuit**
Malika Ferdjoukh

10 **Nuit rouge**
Jean-Hugues Oppel

11 **Aladdin et le crime de la bibliothèque**
Marie et Joseph

12 **Wiggins et le perroquet muet**
Béatrice Nicodème

13 **Wiggins et la ligne chocolat**
Béatrice Nicodème

14 **L'Assassin de papa**
Malika Ferdjoukh

15 **Frères de sang**
Olivier Thiébaut

16 **Le Disparu de Cabrérac**
Alix Clémence

17 **Le Père Noël s'appelle Basile**
Pierre Pelot

18 **La Planque**
Frédéric Fajardie

19 **L'Inconnue dans la maison**
Stéphanie Benson

20 **Tonton tué**
Serge Quadruppani

21 **Marathon sur l'estuaire**
Hubert Ben Kemoun

[redacted]

Achevé d'imprimer sur Cameron
par Bussière Camedan Imprimeries
à Saint-Amand-Montrond
Conception graphique couverture :
Didier Thimonier
Dessin de la Souris noire : Lewis Trondheim
Typo dessinée par Anne Ladevie
Dépôt légal : mars 1998
Numéro d'impression : 981337/1
ISBN : 2-84146-542-X
Loi n° 49.956 du 16 juillet 1949
sur les publications destinées à la jeunesse